AFFIRMATIONS

Other AUP Poetry Titles

SECOND NATURE
James Aitchison

ADVICE TO TRAVELLERS
Stanley Roger Green

THE SCAMPERING MARMOSET
Ken Morrice

WHEN TRUTH IS KNOWN
Ken Morrice

FOR ALL I KNOW
Ken Morrice

TOUCHING ROCK
Norman Kreitman

AGAINST LEVIATHAN
Norman Kreitman

PERSPECTIVES
George Bruce

THE LOW ROAD HAME
Donald Gordon

INGAITHERINS
Alistair Mackie

AFFIRMATIONS

Poems in Scots and English

M S LUMSDEN

edited by
Evelyn E Gavin

Illustrations by Heather Rae
Jacket Design by Cynthia Hutcheon

ABERDEEN UNIVERSITY PRESS
Member of Maxwell Macmillan Pergamon Publishing Corporation

First published 1990
Aberdeen University Press

British Library Cataloguing in Publication Data

Lumsden, M. S. (Mary Stuart) *d. 1987*
  Affirmations: poems in Scots and English.
  I. Title II. Gavin, Evelyn E.
  821.914

ISBN 0 08 040929 6

Printed in Great Britain by BPCC-AUP Aberdeen Ltd
Member of BPCC

CONTENTS

Foreword

Mary Stuart Paterson (M S Lumsden) came of a writing family, among her ancestors The Rev George Abel, author of *Wylins Fae My Wallet*. She spent her childhood in Rothiemurchus amidst the beautiful countryside of Speyside, unspoilt in the early years of the century. She went to school in Inverness and read science at Aberdeen University from which she graduated BSc in 1924. Her theses in zoology and botany intensified her love of nature and the countryside, a love which imbues many of her poems. It is rare to find in one person distinction in the diverse disciplines of science and mathematics on the one hand and language and literature on the other. She might have become an inspiring teacher of English. But she achieved fulfilment in both fields. Her early teaching, at the Aberdeen Central School, was in mathematics and science. In 1943 she was appointed to teach science at Albyn School for Girls, and was responsible for the development of its then modest Science Department to the sixth year teaching status it enjoys today. For thirteen years she held the position of Second Mistress at Albyn, a role which she fulfilled with great dedication. Colleagues and pupils remember in particular her humour and her sense of fun. Long before she began to write seriously she communicated with friends in witty and mischievous verses. School excursions were recorded in verse with the same flair, and lessons would be enlivened by an occasional apt quotation in Scots that made the occasion memorable.

Few scientists or mathematicians could have read more widely among the Scottish and English poets. The Scottish language was of special importance to her. She explained this to the late Cuthbert Graham who had for long encouraged her to publish a collection of her poems. She made five points about the use of Scots: 1 I love the sound of the words. 2 It is still a 'language of common speech'. 3 It has a great wealth of words and phrases, so that we can always find the *exact* word required for expression. 4 Scots gives one a poetry that is hard and clear; there is nothing blurred or indefinite about it. 5 Words in Scots give one that 'concentration that is the essence of poetry'.

M S Lumsden's poems celebrate the joys of childhood, of communion with nature, and point with wry and sometimes almost cynical and grim effect to features of man's condition. They range from the child's eye view to the frenzy of youth, the wisdom of later life and the gentle obstinacy of age. They open a window for those in tiny rooms to see the miracle of life unfolding in the earth's hidden places, or exposed under the sky to assault the senses, as in 'Fox-Cub or Lamb?'. They speak of war, and of country, the echoes of Branxton Hill no less than Passchendaele. But humour is never far away. Most of all there is the recurring theme of regeneration, of the renewal of life through the seasons' return, hidden life, resting, waiting, in the seed and the bud, chrysalid hidden beneath the stone. As in 'Autumn':

> Look on the withering, see, in the ending,
> Not death but new life, not dying, but rest,
> Rhythm and reason, cycle and season,
> Autumn the evening, sun in the west.

The underlying philosophy is one of hope, affirmation of a certain future in this world and beyond, of which the poet had an enduring conviction.

It is said that man's being is like a vast mansion, yet he seems to prefer to live in one tiny room, on a half-measure of consciousness. Perhaps for most people it is only in rare moments that consciousness expands, perception is enlarged, to reveal momentarily 'a world beyond the furthest crest'. But there are a few, rare spirits, whose vision forever reaches out into the hidden qualities of their worlds, to find in them heightened significance and communion with unseen things. M S Lumsden was such a person. She did not need the injunction given to those who seek escape from their tiny rooms: 'Let your soul be in your eyes.' She had that quality. She had also the essential will that makes perception a creative act, its product proportional to the effort expended, and she was single-minded in the effort with which she focused all her perception. She might have inspired the words of one of her favourite poets, William Soutar:

> Look weel, bricht e'en . . .
> And hairst the gledness ye can haud
> Nae mair nor a wee while.

M S Lumsden's poems were published under her married name. Her husband, Andrew A Lumsden, was an Advocate in Aberdeen. Some years after his death she married Alexander L Sandison, whom she had known in childhood. She died in 1987. She is remembered with much affection by friends, former colleagues and pupils. As one of the many who have reason to be grateful for the influence she had on their lives, I have the added reason for gratitude in being afforded the opportunity to compile this collection of her poems. Two of her other pupils, artists Heather Rae and Cynthia Hutcheon (Watson), have collaborated with me to make this book, to the best of our ability, a worthy tribute to the memory of a fine poet.

Acknowledgements

Thanks are due to Aberdeen Journals, *Aberdeen University Review*, Edinburgh University Press (Scottish Poetry Series), where some of the poems first appeared, and to *Leopard Magazine* for the extract from Cuthbert Graham's article 'Three Poets of the North East'. If by accident any copyright has been infringed, I ask indulgence. I am grateful to Miss Beryl McLeod and Miss Joan Hughes, who made many of the author's manuscripts available to me. Mr Ian A MacDonald's co-operation is also appreciated. In particular I owe much to my friend and former colleague Douglas H McAllister whose encouragement and practical assistance at all stages of the editing process has been invaluable.

BAIRNS' PLOYS

BAIRNS' PLOYS

Wisn't it fun tae loup in a peel
An' brak the ice on the road tae the skweel;
Tae rin i the win an' skirl an' sing,
Wi yer hans on yer lugs, gar them dirl an' ring?
    'Rin deil!   Rin dog!   Loup the dyke an' throu the bog.
    Win, water, snaw an' fog.   Rin deil!   Rin dog!'*

Wisn't it fun, whan Janwar' cam,
Tae slide on the ice on Specky's dam,
Or doon the lang brae? Gin ye miss't the turn
Ye cowpit them a' i' the muckle burn.
    'Ding 'im doon!   Crack his croon!
    Tak' yer turn, roon an' roon!'

Wisn't it fun tae lie on the mat
Afore the fire, wi the cheetie-pusscat,
Tae cuddle her close, sae fine her fur,
Tae straik her saftly an' gar her purr?
    'Three threeds in a thrum; a' the wives o' Buckie-dom.
    I niver saw a bonnie lass, bit whit I likit some.'

Wisn't it fun tae ca the swing,
Fae the elm tree branch b' the heels tae hing,
Or set a rive o yer scone or bap
On the collie's nose an' gar him snap?
    'Here's a bit o' King George's breid
    Ye daurna e't it ere he be deid.
    Meal, maut, sugar, saut,
    Cock, kep, snap, fire!'

Wisn't it fun tae kep a bee
In a blin-man's-bell, syne lat 'im free?
Tae haud in yer han, in a petal cage,
A murlick of summer,
A foggie bummer bizzin wi' rage—
    Wisn't it fun?

*Traditional Aberdeenshire rhymes

LULLABY

Hishie baloo.   Sleep my lammie.
Pussy lies snug by the fire.
The little foal's beddit ootby wi his mammy,
The kye are come hame tae the byre.

    Sleep!   Sleep!   Sleep!
    Hishie baloo-oo-oo.   Sleep!   sleep!

Hishie baloo.   The mavie has happit
Her littlins ablow her breist
An' a the birds wi their wings close clappit
Are gaithert an' gane tae reest.

Hishie baloo.   Sleep, ma dearie,
In the queem gloamin-tide
Ere daddy comes in an' he'll be weary
For hame an' his ain fireside.

    Sleep!   Sleep!   Sleep!
    Hishie baloo-oo-oo.   Sleep!   Sleep!

SHAKESPEARE SAID IT FIRST

Roch, pisen warts on's humpit back
An' wabs atween his taes,
He hasna fur nor feathers braw
But clammy skin for claes.
Nickin the slaters aneth a stane
Happen he'll nae be seen;
Nae athegither a laithlie ferlie
Wi twa sic bonnie een.

See *As You Like It*, II, i, 13-14

THE CHACKIE-MULL I THE WUD

Wheesht!   Hearken!   D'ye hear him there, ahin yer heid,
   Tick, tick, tickin i the wa,
The eerie chackie-mull tick, tickin i the wud?
   I'm feart deith's nae far awa.

Losh!   Ye're easy fleyt, like a muckle gockit nowt!
   Yon's nae deith but life.
There's nocht but a sma broon golachy there
   Chap, chap, chappin tull his wife.

GOSSAMER

The ettercap's an eident wyver;
    Her darg's a skinklin wob,
Vrocht, raw on raw, anent the daw.
    A byous skeely job.

Hungert, she hauds her aerial threed
    An' staps the bummlan flees;
Hansels her mate wi fireflaucht hate,
    Cannibal, ill tae please.

She faulds her young in swaddlin threeds
    A saft, silken clew
She heezes ower a berry buss
    Tae tine it i the dew.

New ferlies rink ower Rabbie-rin-hedge;
    Ilk ane peys oot a threed.
The win plays tig; awa they flee
    Like fireweed's floatin seed.

Wi faerie leevity, laich doonlichtin
    Hairst mornin's gossamer shooer
Trammels the een ower stibble an' steen
    An antrin seely oor.

URCHIN

[One may well feel that in this poem Mrs Lumsden is having a little gentle fun with her readers. The sea-urchin is certainly a curious creature. For instance, it has five large teeth, from their shaping familiarly called 'Aristotle's Lantern', and it travels by pulling itself along on them—the only creature known to move in this way. This is the reference in lines 15-16 and line 22. Again, its method of reproduction is not clear, as indicated in lines 19-20. Mrs Lumsden seems to be casting on a queer beast the keen and kindly eye she shows elsewhere—The Chackie-Mull i the Wud, for instance, or Shakespeare Said it First—but there is also the possibility that, herself a biologist, she is tolerantly aware of the tendency of some scientists to shroud their subjects in an elaborate vocabulary. A detailed glossary would have overlaid the poem, so it seemed better simply to give a version in English. The version is, however, narrowly literal and cannot convey the wit and almost affectionate amusement of the original or even the technical skill.]

Fauchie and fodgel, wi nae hert nor heid,
keest upon dry sand wad seerly smore deid,
a shall-boukit beast frae the skaill o the swaws,
roond and weel-reikit wi bowzellie raws
o bruckle stobs beddit in baa-and-sock
and holpies for faiple-feet gruppan on rock.
Gin the reel o a dyster hyst freethan sweills ramstram
he jouks aneath ribbands and blibbans o flyam,
lairit in rock, bides duntan and dirlan
but gin sma waves lap lowdened he cowdles, whiles pirlan.
He maun sieve the sea water and brooze in a brangle
aa plowtran thru scouth and routh o the tangle.
He chowtles a cauld saut smachrie o smushle
dabbies o dulse, shallmullens o mussel,
wi his five-tuskit famed Aristotle's lantron,
lunshach and free i the braid shore's fou aapron.

Till the keerious on sex, aince, Sophocles said
'Wheesht, sir; to win clear o its clutches I'm glaid'
as wi poet in eild, isna coil (tho he's cleckie)
til spawnan o fordals, but fair-fa the fyow feckie.
Ae vaigry blecks aa til the dern foond aneath
nane but he, tapsalteerie, can skevrel on teeth.

Pasty and plump, with neither head nor heart, if he was cast up on dry land he would surely suffocate to death. He's a beast wrapped in a shell, out of the swirl of the waves, round and well-built with rough rows of brittle prickles in ball-and-socket joints and little holes for floppy feet clutching the rock. If a dyester with fishing gear lifts foaming blustering swells around him he dodges under strips and ribbons of seaweed and, cowering in rocks, waits his time, shaking and bumping about; but if small quiet waves are lapping he floats freely and idly. He has to sift the seawater and browse aimlessly, dabbling about in the plentiful heaps of seaweed. He mumbles at a cold salt hotchpotch of food-scraps, little bits of dulse, fragments from mussels, lolling about loosely in the wide shore's abundant apron on his well-known Aristotle's Lantern, his five big teeth.

To someone asking about sex Sophocles said 'Hush, sir! I'm glad to be out of its grip'. So he, like the elderly poet, isn't bothered though he's spawning his young: good luck to those that survive! One trip abroad leads back to blackness till he finds the darkness below. He alone, in the face of Nature, can squirm about on his teeth.

DHM

THE EMMET-PILE

Emerod, gowden, tapsalteerie
A Gulliver golachy trammelt
On a Lilliput haip o hobblin preens
Hotchin wi emmets wammelt,
Or the truant frae bells and buiks cried, 'Gee!'
Leuch wi glee as he snickit him free,
Free o the wide wud cryin,
'Rin, craturs, rin!   Gin nane o ye won
Twasna for wint o tryin.'

The tuskit truant frae time
Sookin a stem i the sun
Kens Tak-a is nae far awa
But his thochts are as day new begun,
Till ane snooves in
Wi an e'en-mou-crinklin grin
Mellin wi grace o dyin,
—Hae na bairn; hae na siller nor fame
Binnae for wint o tryin.

JACK AND JILL

They have a long way to go
loving speed—fast, fast,
faster, faster.   Step on it—
ride on their blinkered horsepower
from the dance.
Silence is empty, time
too slow for them;
they have a long way to go
go loudly and fast.
No rustic sound, no wind in the pines
comforts, but synthesis out of transistor.
They feel powerful and rich
riding their race,
riches of octane potential
theirs coticular properties of
aldehydes, alcohols, pills
(not present in plain pure water
innocuous H_2O)
They have a long way to go
must learn for themselves
snatch easement in bracken
for bed and blanket, woods,
hedges within to unzip their lust.
They live as they must
must learn for themselves.
They have a long way to go
run, ride, swim, fly,
so young, so fast, they may
not have long
enough.

NAE ME

I doot ye maun say that again.
   I've tint ma thummle.
Growin deef?   Nae me!   I can hear ye fine
   fin ye dinna mummle.

Thank ye!   I'll threed my needle masel,
   Na, I'm nae growin blin.
Nae me!   It's this licht and this ee's ower sma
   to lat the threed in.

Aye, I'm comin.   It's nae me that's slow.   Ye're ower fest
   that's the truth o' the maiter.
Twisna the hare won the race, ye maun min;
   the aul tortoise did better.

DOCTOR'S BIDDIN

Oor doctor's gweed and kind;
he taks time to mak a joke
though he's aye byordinar thrang.
He unnerstans his folk.

He tells tired and trachled mithers
to caa canny for a bit,
tak things mair easy-osy;
niver stan gin they micht sit.

For the auld folk he adds this
wi professional authority
'Proceed with all the dignity
that befits your seniority'.

Gin ye meet some o' oor aul anes
and ye think they're slow and prood,
they're just daein Doctor's biddin
and meevin as they should.

CHARLIE

He wis aye a laddie to speir,
aye speiran to ken fit he wintit.
He'd speir the tail fae a clocken hen
an syne speir faur she tintit!

Granny sat wyvan her shank
oot i' the lythie sinsheen
Charlie seen duntit doon by her
Weariet o's ploys an imleen.

Granny sattilt his queries gweedwully
tull she drappit a loop aff a weer.
syne her wyvan nott aa her attention
an Charlie conteenuet to speir.

Tull, a wee bittie hufft at her seelence,
he keeked at her, gied her a prod
an said, 'Granny gin ye're tired spikin
foo can ye nae jist nod?'

MARY

Where a long glen shoulders a road from the village,
there she lived happily, hard-working, welcoming.
She had the Gaelic. Her collie dog, flocks and herds
about the place, knew her word and did bidding.
She had many old words from life as it used to be,
customs and sayings, tales of her people.
Some who carefully gather such language and lore
came and made records. She will not be forgotten.

Soft winds come suddenly. Snow drifts are sinking,
and burns purling over. Green's the new colour.
There are flowers on the blackthorn and lambs in the sheep-fields,
but no one is dwelling where Mary was, now.

NEWS BULLETIN

'Kirstie Lowrie's gotten a lad.'
'Gweed preserve's! Fat neist?'
'Bogie's aul'est's afa bad,
Something in his breist.'

'A loon again for Davy Broon.'
'Fat wis that ye said?'
'Maun I roar? Anither loon
Up at Innersted.'

'Jamie Bengie's brocht his bride
Hame tae Mullachslade.
She's afa gran' an' fou o pride'—
'She's jist gey smiddy made.'

'Matty Pender's growin queer,
Winna stir a stump.'
'She's makin on fae fat I hear;
Muckle, clorty lump!'

'Rob Elshiner's got a gey begack,
The verdeect's for Dalgleish.'
'Weel-a-wyte! The fat soo's back
Gets aye the thickest creish.'

'An' fat d'ye think! They've jil't Tam King.
He near half kill't the vricht.
Isn't at a maist afa thing
Craturs'll nae dae richt?'

Michty me! It's jist on nine.
Hist ye! Pit it on.
Fire an floodin' doon a mine? . . .
War in Lebanon? . . .

Fleein, fechtin, droonin, death!
Gweed, it's aye the same.
Fair gar's a body haud their breath.'
'Fowk s'u'd bide at hame.'

SUMMER IN KINTAIL

Hector sits in his boat by the shore of the sea loch.
He waits for the tide, wise in the way of the 'bradan',
He sits in his boat, alone in the sun on the water
Brown nets piled at the ready, silent and motionless
In a timeless landscape drowsed in the languor of summer.
Five sister mountains stand shoulder to shoulder behind him
Their heads in the high blue of heaven, the feet of the foremost
Laved in the salt sea water; the hem of her mantle
Fringed gold in the sea-wrack. Even the seamews are silent,
The great grey heron stilt-poised, immobile, unreal,
And the cattle and sheep lie down in the green of the machair,
In a dreaming, supernal lost land, by aeonian sea.

The turning wheels hurry by on the road to the ferry.
Hector speaks on the soft, slow tongue of his fathers.
'Have you the Gaelic?' Heart warms to the blood-stirring lilt of it.
'You'll be going to Skye? No? Then you'll be stopping here.'
—Here in Kintail on the warm sunlit shore of Loch Duich—
                    'Ach! Fooich!'
Says Hector, 'As well here as anywhere. There's no thing in Skye'.
He sits in his boat while the hurrying wheels go by
On the road to Skye, to halt at the passing-places;
The caravans, coaches and cars roll on to the ferry
Through the kaleidochrome country to Eilan-a-Cheo.
Hector sits in his boat on the water,
                    in the sun
                              on the water.

THE DOUBLE STANDARD

Faur ar ye gyaun, ma bonnie wee sweet lass?
Faur are ye gyaun, ma doo?
Like simmer ye smile. Bide wi me a while
The reid meen's rising fou.

She's bidden ower lang, the silly saft lass
Her eeran forgotten an' a
An' twasna tae fess sweet aipples, reid aipples
Ta ca his hungir awa.

Faur are ye gyaun, ma bonnie young man?
Faur are ye gyaun ma laad?
Nae seekin a hizzie like you onywye.
Haud oot o ma road, ye jaad!

BROKEN TRYST

Wha trysted aa alane, hersel,
Wi nane an nocht, cam hame,
Preet bitter water o the well,
The wersh well o her name.

Sun bent green beuchs rax ower the wa,
Whaur mossed rosebuds brak reid.
Like snaw blawn white petals fa
Doon by her boody heid.

The yeldrin sings frae gowden whun
'Tak ye!'—first, saxtimes, 'Deil'.
But nae bird sang nor simmer sun
Can win her simmer seel.

She daes her daily darg by rote.
She drees the oors apairt,
Ayont, as in a dwaum remote
An nane sall ken her hairt.

Yestreen she trysted aa her lane
An aa her lane cam hame.
But wha has taen or wha has gaen,
Or wha be tae blame?

THE WORLD WITHOUT AND WITHIN

GLAMOURIE

Whan simmer's day mells wi' the nicht
Ower lowdent earth the gloamin licht
Keests than a seindle spell ower a'
Alang the bield o' gairden wa'.

In derkenin saft as cannle leary
White petals glimmer, wraithlike, eerie.
Whileoms aulfarrant herbs breathe sweet
Calomy, Lad's Love, neth my feet.

A hishie frae the roddin tree—
I hearken. Naething's there to see.
Moth wings, like fingers sain my broo
That time has nae mair here or noo.

Aneth the tree my leesome leen
I see and hear, unheard, unseen
That are, wha war', wha micht hae been.
Formless as simmer-flaws they pass,
Eindless as dew upon the grass.

NOR'EAST SIMMER

Noo is the time; forhuyie the toun,
The dyvour's dowff dambrod,
Whan ilka beuch is busket new
Wi sheenan emerod.
Noo is the time of lily-oak
The snawflake stars of slae
Hinny o' roddin, gowd o' bream,
The lang simmer day.

Roon an' roon the heugh heids
Whaur cooslip patelets blaw,
Wha wallna beck, he sallna breathe
The sweetest air o' a',
The yeldrin frae the whin buss
Sings sax times, 'Deil', syne, 'Tak ye!'
Gin a' sic dinna sen ye seel
Fient haet o' earth can shak ye.

The pawky gowk jouks throu the birks.
A' day the titlark's sang
Fa's whaur the broukit ether basks.
Earth, air an' sun are thrang.
Noo here, noo there, the willow vran
Tings ower his sma clear tune.
A hish o' win', the quaiken-aish
Reeshles a silken rune.

At gloam, auld farrant gairden flooers
Gar hameart bees bide hent,
While skirlin' swifts breenge throu the lift
Like firedairt, flichtin sklent.
The baukie-bird jinks by the kirk,
Douce mirk haps roon the firs;
Seckerly liggit along his brench
Hoolie, the nicht bird kirrs.
Noo is the time o' the towmond roon,
Noo is the time; come, troo the toun.

MOUNTAIN ROAD

It winds upstream to the watershed, a rough road forbye
Round giant granite bens that heave their shoulders to the sky;
For sure feet, a lightsome heart and a clear, quiet day,
By Glen Lui, through the Lairig Ghru, to Badenoch and Strathspey.

Is there an April eyrie still, in the same gnarled pine tree,
And globe-flower's golden summer bloom, late, by the Pools of Dee?
In autumn, when the sun is west and mist veils corrie and crag,
Does the deep dern howe of the hill re-echo the roar of the rutting stag?

Distant in time and more by miles from this grey town,
From cauldrife sea-haar gathering in and lyart leaves cast down.
Yet, my thoroughfare by street lamps in the darkening autumn day,
Shines the road to Rothiemurchus forest summers, in Strathspey.

AE ROAD HAME

It's upstream tae the watershed, a roch road forbye
Roon giant granite bens that heese their shouders tae the sky;
For a seely hert, a sevennil fit and a lown-warm simmer day
By Glen Lui, throwe the Larig, doon the forest tae the Spey.

Aince kintra kith tred tae the kirk, the skweel an' village splore
War nae ower sair fortaivert fae Braemar tae Aviemore.
Fa'll be first tae kep the cairn by the March Burn wis the game.
The shalt comes aye the mair speed, fin his heid's turned hame.

Is there an Averile eyrie aye, in the same knorled firtree
An' lucken-gowlans' simmer gowd, late, by the Pools o' Dee?
In autumn, fin the sin sinks wast an' mist haps corrie an' crag,
Daes the deep dern howe o' the hill redunner the roar o' the
    ramskerie stag?

Sinnert by time an' mair by miles fae this grey toon,
Fae cauldrife sea-haar rowlin in an' lyart leaves keest doon,
Yet athrowegang by the streetlamps, in the deein winter day
Beeks the road tae Rothiemurchus forest simmers in Strathspey.

BOG ASPHODEL

A song

When summer sings down Dee's long glen
Wasteland, woodland bloom again.
When summer lies still, on howe and hill,
Moorland bells with nectar fill
By the old drove road to Cambus o' May
Kaleidochrome country all the way:
Blue in the purple, Scotland's bell:
Gold in the peatbog, asphodel.
   Asphodel!   Bog asphodel!

She said, 'Take heather or blin'-man's-bell,
But leave the green-speared asphodel;
Take bugle, bog myrtle, rockrose, harebell,
But leave the golden asphodel.'

When summer has turned from the longest day
The holiday track is by Davan way,
Where the sun-bright leaves lose the willow wren.
In the green bog moss, there, blooms again
Star-spiked golden asphodel.
Little wild lily flower, asphodel.
   Asphodel!   Bog Asphodel!

THE PYLONS

Yont a lily loch by a grey limekill
black simmer-sweet geans for a wild bird bill
faur aince wis a hame i the howe o the hill;
nor fire nor licht, nor garran, nor kye
bit fower fite wa's tae the open sky,
a broken brig the burn glocks by.

The hillside's roufu fae craig tae croon
faur the drug-saws haggered the lairicks doon.
New roads aneth rin smooth tae the toon.
Rare beast an' bird o the forest are fled
flooers o the woodland mishantered, dead;
bit men hae wark an the sawmull's fed.

Fite torrents fa; the great dams fill.
The new weers hum tae the win on the hill.
The stells stride on an' they're niver still.

SWEIRTY SPRING

Blackbird and throstle tune howpfu hawse
wi gaitheran virr, to sing
heich frae lum-heid or bare tree-top
and threip doon oor throats on Spring.

Featherless fowk in lang, lined beets,
aa ower sair scunnert o snaw,
weel happit in leather, fur or oo,
yet chitteran, cauldrife and haw,
sick o soss and sotter for feet,
ilk day warslan wi win and weet,
tholan bluffert o blirt and blinter,
girn at a Spring sae sweirt in Winter.

ARDLE WATER

Where Ardle water weaves summer below Kindrogan
are glimpses of pied and yellow-grey wagtails;
sunlit leaves lose willow-wrens in the alders
and white breasted dippers sing music of living water.

I steek my door in the face of wind off snow—
young snow on high hills, distant, beyond
the hinterlands—a wind that presses on walls and windows,
fumbles to find a crevice, roars round the gable
and over the chimneys. But Rubislaw granite stands fast.

Sheltered and warm, I am grateful, yet not, reflecting
that heat of summer is better than walled warmth
and lamplight on polished wood—Victorian lumber
from forests of Oregon pine—less pleasing
than green larch on Kindrogan hill
and sunlight dancing on stepping stones,
where dippers sing in Ardle Water.

HAIMART MESSAGE

Sic times the meen lifts late and sheens
throwe the birks ootower the hills,
reid as petals o the rose
simmer ripeness saftly spills,
than, come ye furth the hoose, come oot,
lean ower the lichened, grenit steen;
on weel-kent wyes we've gane thegither
look ye doon, nor be ye leen.
The deep, dern river meevin bye
and nicht-sweet hinnysuckle flooers
will min ye o earth's wirdless sang,
mellin aa my life wi yours.

DEASIL

Massive spine of giant ben,
mist-wrapped limb of granite hill,
    lie still
under blue sky wall.
White quilt, snow cover,
    melts
to the green valley floor.
Sweet gale and pine infuse
dawn's overcharge.
Drumstick rattle, trunk-hollow prattle
of the green wood bird.

Day breaks later
over lowland city
smoke pall, wheel and gradgrind
Tenuous threads quiver;
dreamers turn in slumber;
mystic primal hormones,
blood's fast motivators,
raise ancestral memories,
quickening, in reversion,
urban polished sophists,
through deep subliminal visions,
    freshening
like sunlit, unbounded,
whirling, stone-plashing,
combing, foam-dashing,
falling
    hill water.

April again recovers
landless heritors and disloigned lovers.

LOT'S WIFE ON BRANXTON HILL

Saint Bride's bird skirls ower greencorn blades
oonsheathed on reid Harlaw.
Drummossie's Awprile lairach-cairn,
tummocks and heath hap a.
Nettle, wi campion, keeps the court,
the hazelraw, auld stanes
roon mony toom fog-theekit toors
and blin, scaumed chapel banes.
Than is noo and noo is than
pairt tined, or taen: some gain.
A win blaws frae the Lammermuirs
a sudden smirr o rain.
A sough o sang comes doon the years
ower the braid Border plain,
attour the burn, a ballad sang,
a far awa refrain;
a threne, fa's hinmaist on a hill
by a cauld, wadset stane.

An earlier version of this poem, entitled 'On Flodden Hill' appeared in the North
East Muse (*Press and Journal*).

WINGS

Three swans flew suddenly overhead,
   Easterly, with the North Sea weather,
At evening, with wild instinctive beat
   Of strong, out-thrusting wings together.

Over the wide and windy street:
   Grey granite walls, green apron-fronted
With housewives' pockets of crocus-flowers,
Cresset cups folded from darkling showers.

To the pavement pedestrian long city-bound,
   Too wintry-weary, the passing sound,
Surging and sinking, of free-borne wings
Proclaims yet other and lovely things.

MEMBERS

Simple skin says, 'Sun shines warm.'
Mind enjoins care lest it harm.
Eye looks up, 'Lo! Wondrous light.'
Mind intones, 'Day dies in night.'
Listening ear, 'Hush! Thrushes sing.'
Mind preoccupied, 'It's spring.'
Sensuous nose enjoys the flower.
Mind reflects, 'It lives an hour.'
Greedy tongue smacks over food.
Fastidious mind thinks, 'Glutton! Rude!'
Spirit chides, 'You mar the joy.
Ceaseless carping's vain employ.'
Adjudicating mind, apart
Intransigent, aloof from heart,
Accept the grace that each may give;
Repay in love that I may live.

STANNIN STILL

I steed richt still an' I lookit doon
on growthy green again.
The cry o the sea-maw cam ower the corn
like echoes fae innerly pain.

I steed richt still on the weet saut sand
an' lookit oot far an' free.
The sin shone warm bit the win blew caul
an' my thochts war like the sea.

I steed richt still an' I lookit up
as cloods smored ower the sky
And I thocht, up there, abeen the cloods
maun be bricht sinsheen aawye.

SONG IN SEASON

This auld ice-sculptured North-east corner of earth
won dourly wi tusk-spade and yoke frae boulder and bog;
a granite-baned shouther o land, steive i the teeth
o the snell sea win, is nae kwintra for slugard's bluid
nor daich delicht for sybarite, yet some days,
bonnier than may be in soothlans aye daily-day smilan,
wi sair-socht May-month, lang dailigaun, fair lown wins
waftan the summer migrants. Whan larks sing
abune green corn roon primrose-gamphered heuchs
ayont the town, whaur nestan sea-mews cry
and far-awa ships gae snoovan on in the ocean,
ayont the lang cruick o the sandy bay,
whaur blue sky and sea aa mell in ane
on the distant horizon. Then the countryman's bluid
i the toonsman stirs, and a sang again in sizzan
is an auld sang; the poetry sings in the Book,
'. . . Come away . . . the winter is over and gone.'

GREY GOOSE AND GANDER

I heard the geese on their way
speeding swiftly and strongly
over the darkening sky
in wide wavering chevrons,
linking, losing and linking,
weird voices fading away
down the northern horizon.

They will go on in the night,
the full moon will shine for them,
over the cold green ocean,
the south-drifting floes of ice
to reeds in lava-shored lakes
and lagoons of the tundra.

I am lifted free and go
in wild delight with them.

EVENING IN APRIL

I heard the wild geese, high in the sky, in the evening.
Ten score I saw, in three wide echelons flying,
Crossing the ocean of air, breasting the currents,
Swiftly and strongly speeding, like brave pennants streaming,
Linking and losing and linking, wild voices calling
Over the town; fading from sight into silence.

Into the far horizon, northward they pass
On and on, in the night—and tonight is full moon—
Over the cold, green sea, the south drifting ice floes
To the reed beds and lava-shored lakes and lagoons of the tundra.

Winter and walls, man and his misery, science and sin,
All are forgotten. Purpose and plan are there,
Hunger and love, cycle and season returning.
I stand in the green grass, held in a moment of happiness.
A wild delight leaps up and runs in the blood stream.
Sentient being dissolves, is fused, intermingled, made one
With the warm south wind, the soft fluted song of the bird,
The stream in the cell, the spear from the seed in the soil,
Green leaf, blossom, Lent lilies, light—Resurrection.

THE WILD GEESE GAE BY

Dargin' the yird
I heard, aboon,
The geese gae by
Wi' eldritch soun'.
My he'rt gaed dunt
An' up I fliskt
Ower earth an' sea.
Ablow I gliskt
Green saughs an' segs
On lava stane,
Attour lagoons
Whaur they hae been.

Syne, dingin' on
Throu' space an' time,
I wan a gliff
O' ae vast Rhyme
Sin' Genesis:
Hoo a' befa's
In God's Ingine
An ne'er deva's,
But birls on
Aneth the sun,
Ane efter ither
Daen an' begun.

Syne, far awa',
Mysel' I see,
Ae sma' mote in
Eternity.

AFFIRMATIONS

Sweet witch-hazel's winter flourish,
yellow petals glow
on naked branches
in January snow.
Buds transcend earthen bounds
perfecting floral form.
Missel-thrush flutes high
singing away the storm.
Certain in uncertainties
ephemerals resurgent
in earthly seasons' round
—as lilies of Lent refulgent
for Easter-day—
through sensile cyclic patterns trace
an absolute for common grace.

AUTUMN

The gallant and gay ones, in flying phalanges,
The beautiful birds, the feathered and free,
Mated and multiplied, furnished and fortified,
Go with the summer over the sea.
The garlanded stalls stand vacant and silent.
The jubilant singers that sang their glad praise
In exquisite chorus, 'Te Deum laudamus,'
Through green aisles of garden and wild, woodland ways,
Are gathered and gone; gathered and gone.
The year's at the evening, the time of the vesper-bell,
Sounding in sighing of wind on the hill,
O'er shorn stubble fields where brown coveys are gleaning,
Through withering woodland and reeds by the rill.
But linger to listen; look longer and mourn not,
The ebb of the year bears the crown of green shoot.
Autumn winds scatter ripe seeds of the summer.
Nectar of petal's in prodigal fruit.
The crimson and golden leaves flaunting and flying,
—Like embers from summer's spent fuel blown free,—
Are banners of beauty, prophetic in glory,
Falling o'er seeds of the summer to be.
The forest tree lives; there are buds on the branches
Resting asleep, as the seed in the cone.
Though the butterfly dies on the last dancing sunbeam
The chrysalid's hid 'neath the quiet mossy stone.

Look on the withering, see, in the ending,
Not death but new life, not dying, but rest,
Rhythm and reason, cycle and season,
Autumn the evening, sun in the west,
The ceasing from labour, full time to say, 'Come!
Make now our Thanksgiving. The Harvest is Home.'

'... TRIPLE WAYS TO TAKE ...'

Sorrow blaws nae mair i the wind,
But bird an' bee an' butterflee
Sooth airs are saft an' kind
Ower green an' blossom lined,
Wild waste, furth an free
An' forest dim.
—But nae for him.

Caul win blaws frae the sea.
Sma smoorie rain drooks doon,
Skinklin roof o tooer an toon,
Hulstran roon the quay.
Wide waste o water wild,
Deep, green, feemin free:
Wi blue-maaziet men beguiled,
He heels awa, keels awa
Ower the teemin sea.

Hine awa ablow the sun,
Tinin vapour trails ahin
Like fite oo spun,
Niver bird sae free could win,
Niver bird that soars an' sings,
Pooer an' pride like him.
Icarus on siccar wings,
Up an doon
Roon an roon an heigh aboon
Mappamoun' o earth an sea,
Ythan, Don an Dee,
He roars awa, soars awa
Yont the clood's rim.

HOO IT BEGOUD

A green, hielan hill to speel,
gin ye be swack and free,
is best, come lown-warm days in May,
fin earth his maist to gie.

Faur spring haed trimmed the siller birks
wi lace o spleet-new green
by mossy, ferny wyes they clamb,
wi primrose howes atween.
the gowk tried oot his eith-kent notes,
geckin them up the peth
to sichts, aa roon, o far blue hills
and lily lochs aneth.

Ower rocks, ower bogs and scruntit heath
they cam to the cairn abeen,
pat, to the lave, the eeswall steen
but spak nae wird atween:
sae new, sae strange, sae shy they grew—
seerly ye maun ken fine.
Noli-me-tangere wis the flooer
youth wore i that langsyne.

First love's maist like the anemone,
wild flooer o the birken shaw;
grabbit and gript in a greedy han
'twill ower seen dwine and faa:
or, as fin winter's frosty ferns
transmue a winnock pane,
but breathe upo the crystal plate
it canna be vrocht again.

No, niver again, the same.

GEAN TREE

She meeves as in a dwaum
a winter o wae ahin
sair-dowed
traivellan like somebody blin
till she comes to the tree,
whaurat she stands lang time and still
luikan as tho it cam splender-new
frae the breist o the hill,
luikan as niver afore had she seen
flooer on the gean.
She lays ilk empty loof
wi bare broo atween
on coolriff bark
as gin she mith borrow
a gloze frae the stalliard stem,
asseerance a morrow
wad iver sain,
even lowden pain;
and mair, for macht
to gang her lane.

DRUCKEN DAVY

He's drucken ale straicht an' he's drucken a' wrang
He's bidden ower late an' he's bidden ower lang,
Sae he'll weer awa hame by the meenlicht's fauch leme,
Tae his cooshie saft bed he maun gang.
                 Bit oor Davy fell ower the rug.

            Oor Davy dang ower the wee dug.
            Oor mither wis flytin as Davy gaed skytin
            An wammelt doon sklyte on the rug,
            Flypit, sprauchelt oot ower the peer dug.

            O'. Siccan a reemishin din!
            Mither wisna tae haud nor tae bin.
            Wi a reel-rall roch rummle
            Tapsalte'rie tummle
            Oor Davy fell ower the rug.

Tho oor doggie wis fleggit sae sair
We leuch an' we leuch on the stair
Keekin' doon at him there on the rug
'It's your wyte, ye limmer!
It's nae mowse tae timmer
The fleer till fowk fa on the mat.'
We leuch an' we leuch till we grat
Tho 'twas nae saft doon-sittin he gat
When oor Davy fell ower on the rug.

But it wasna his wyte his feet gaed sae skyte.
He had nae but the 'full o his lug'.

THE CURE OF THE UNSPOKEN WATER

Her bairnie grat, murned, murned and dwined
And naething did it gweed.
She thocht the wee green fowk had keist
Speels ower its cradle heid.

The wyse-wife's grippit a sma' pailie,
Wi a siller shillin, ticht;
She's slippit awa tae the Struack Burn
Throwe the meenlichty night;
By Jessie Peetrie's public hoose,
Alang the waterfall,
Up tae the tap she his traivelled on
Till she cam tae the wall.
She's hauden the shillin aneth the stroop
An' thocht, 'Gin't fa heed eemist
Her bairnie's tribble is in its heid,
If nethermist, in its breist.'
But, comin or gyaun, she said eech nor ocht;
She spak nae bygyaun word
Steppin swuppert by freens she kent richt weel
As gin she hadna heard.

She weish the bairn wi the halesome water,
Fae that nicht on it threeve.
That wis the cure o 'unspoken water',
Gin buiks be tae believe.

(From old Torry customs and superstitions described in *The Book of Saint Fittick.*)

LEGEND

Angus Og, hunter, cam frae the kill
as the last licht o dayligaun dwined on the hill.
By Allt Druidh's rummle-tummle and deep ramle bed
he linkit on doonbrae, lichtfit as a ted,
frae oorie mists wreathan roun cairn-croun and coomb
to the eild wod o Caledon's lythie pine oom.
Grett firs stude derk; cluds snooved ower the mune
risen rounall ahin as he strade on and sune
he cam whaur a lilly loch's yalla sands glore
like a gowd chettoun luckan the crook o the shore.
He nor dackled nor daidled, but aince mair ploungit in
the dim, ghoulie wod, breeshlan forrit to win
scart-free throu bracken and juniper scroggs
luntan ram-stam on boulders and haggs ower the bogs.
He feared nae dreidfu feydon, nae suddent gast sicht
o a gyre-carl haunts Rothiemurchus by nicht,
dauran anerlie traivellers to wanchancy fecht
wi dirk dreepan red, for hand-strife uphecht.
Wi the bauld-daur wha stude he was said nae to thraw;
but seer on the crawdoun his deid-straik wad faa.

Angus contered nae bogle but held on his way
ower lang miles tull, thirstan, he steppit agley
throwe a burn, sikan sloke frae a mineral wall
in a knowe, abune bog-moss and sweet-scented gall.
As he boo't doon to drink, a glamorous lowe,
like simmer-flaws, gliffed frae a near elfer-howe
and the peerie green hill-anes cam dancin oot lichtly,
their gem-gamphered kirtles and kwytes bleezan brichtly
i the leam o the mune, as they tript to the soun
o siller pipes, tirlan a wid eildron tune.

As they gambaded gleefully, nearer and near,
Angus gawpit in wunner and cooriet in fear.
But greed had the owrance; he primit a plan,
like fire-flaucht raxed oot and clauchted affhan
the neist nearmaist pipes, syne spanged ower the burn
(rinnan water gies girtholl) won safety to turn,
kiest his bonnet atour and bid them adieu,
cryan, 'Yours be to me and let mine be to you.'

line. 16 *gyre carl*: Sir Walter Scott wrote of this phantom in *Marmion*.

48

He held on for hame, onwittans 't ere lang
ill-trickit ripery wad certes back-spang.
At a sike in the back-faulds he stept on a heck
and, haltan to luik, gat a sairy begeck.
He haed nae fairy pipes, nae spulyie ava,
but a haisert girss blad and a deil's flutter-baa.

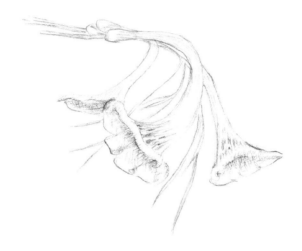

THE CAPTAIN AND THE MERMAID

The captain, fishing all alone
hauled in his line with glee,
crying, 'What's this I've hooked, makes moan?
A mermaid from the sea.'

'Your pardon ma'am,' the captain said
'I never meant to snitch ye.
The fumes of grog were in my head.
Permit me to unhitch ye.'
The merwife smiled but dropped a tear.
She said 'The water's cold.'
The captain scowled, 'Madam, I fear
my cabin cannot hold
another bunk; more freight would sink
my Plimsoll line below
the danger mark, so, to the brink
and down, Madam, you go.'
Forthwith he tipped her in the foam.
She turned and waved a fin.
The captain steered full speed for home
and bitters with his gin.
He's safely back in port once more;
his cash will soon be gone.
Far off, along a northern shore,
his merwife's swimming on.
Sometimes she'll climb a rocky shelf
and sit with sea birds there
singing a song to please herself,
a merwife's salt-sea air,
of earth and ocean, what is best in life and love and why
and, when the sun sinks in the west,
she'll comb her hair and sigh,
'Mortals are strange. What must, must be.
Mermothers have no choice.
Captains are free. 'Twas this—for me
he had a merman's voice.'

DITTY FOR THE CAPTAIN

O, the Captain's name is Will
and he often goes ashore,
to feast and drink, or fight to kill
and finds himself a whore.

O, the Captain's name is Geist,
he's the prime beast of his kind;
he is devil, fool and Christ
and he prides himself on his mind.

The Captain has a First Mate
he doesn't really know,
takes over when the hour is late
and Geist is down below.

O, the Captain's name is Science
made prostitute, obscene,
come aboard the proud Reliance
on his nuclear submarine.

O, the Captain's name's Colossus
and he steers along the sky
dropping poison where he crosses,
and the lesser, weaker die.

O, the Captain's name is Must,
he is set to win the race,
he rockets off atomic dust
to voyage into space.

O, the Captain bears the flag, nor fears
to plant it on the moon,
transmits the music of the spheres
in electronic tune.

O, the Captain's name is Adam;
will he voyage out of mind,
sink the crew and Madam
and leave himself behind?

O, the Captain's name is Will
but he often goes ashore
to feast and drink, to fight and kill
and find himself a whore.

VARIOUS
OCCASIONS

SONG, to the tune of 'Clean Pease Strae'

SHE REESHL'T AS SHE RAN . . .

I taiglet throu' the kirkyard ae bonnie Sabbath morn;
The lift was blue, the laverock sang abeen the green corn,
a pretty leddy flitter't by ahin the Psalm began;
Her petticoats made music, for she reeshl't as she ran.

Though I was but a laddie then, I thocht when I was big
I'd hae a wife as braw's the lave in sic-like bonnie rig;
I'd be richt prood for her tae wear silk petticoats sae gran'
That sweeshin' roon her lang legs, they'd reeshle gin she ran.

Noo I'm a man an' fashion's teem; the lassies dinna wear
Silk petticoats, but tartan jeans, shorts an' bikinis bare.
Maybe their hizzie fallow shanks stride free; they gar me grin;
But gin I heard ae reeshle o' silk petticoats—I'd rin!

L'ÉLÉGANCE PERDUE

Lace on our petticoats
never, never seen
underneath a pretty dress
when I was seventeen.
Our martial colours pinned on dresses
were purple, white and green
but silken petticoats swished frou-frou
underneath, unseen.
Now tights and trousers need no lace
nor petticoats between;
skirts have shrunk, as time and space
and everything is seen.

SPARE PARTS

A Sunday morning A.D.1980

We stop for more petrol, the cost is a bane,
then on to the high-road, where all is fast lane
on the way to our kirk, with its tower but no steeple
Pointing for parson and spare-parts people.
If you have not had jaundice you may be a blood donor.
You may carry a card stating you are the owner
of two healthy kidneys and one human heart,
with which, only post-mortem, you'll willingly part.

Parson is preaching; I fear I'm not listening.
I wish he'd descend and proceed to the christening.
I can see, through a window, twin fighter-jets soar.
I can hear, down A9, Vishnu's chariots roar.
We're inventive, objective, adroit and efficient
and what we start out with is rarely sufficient.
We excise with precision, esteeming the waste,
spare parts from the whole in victims of haste,
as replacements for others with some lethal flaw—
altruistic new variance of natural law.
You may carry a card . . .

Now the vows are repeated; the ritual's completed.
The dear babe has his name and we may be seated.

The organ sounds softly. We rise to sing truly
in happy concordance, 'The Lord bless thee and keep thee
. . . and give thee peace.'

THE IMMORTAL MEMORY

He was a poet in lang-bye time,
Vrocht the aul wirds o's age an' clime,
O' hame an' love, in sang sublime,
    Naitral, empeerical.
He flailt the fause wi' rowth o' rhyme
    In rare sateerical.

The makars, aul mears, maidens, chiels,
Priests, cairds an' cottars, dogs an' deils,
Witches an' warlocks, rants an' reels
    Spin throu' his pages.
Heepocreets, feels cowp heid ower heels,
    Sinners an' sages.

His native ingine, lippin, ran.
The faith an' fraets o' his ain lan',
Her customs, scenes an' sangs he span
    Wi richt rare skill.
The strong hert beat o' common man
    Stounds in it still.

See him gae doon at dewy morn
Atween his ain green fields o' corn;
The wild rose bud upo' the thorn;
    The linnet's nest.
The lowe lights. Tender sang is born
    Within his breast.

The tree is aul'; the branches roon,
Faur blypes o' bark fa murlin doon,
Aince flooers, sae fair tae fa sae soon,
    Buddit in Kyle.
Sin' syne twa hunner year's gane roon
    An' mair the while.

But dowell't deep, the reets haud fast,
Wi' care aneuch the tree micht last,
Aince mair the present sichts the past
    As Janwar turns
For Scots at hame, or fremit cast,
    Tae Robert Burns.

THE START O'T

Twa mile sou'wast o' Alloway
When he was scarce fifteen,
Robin heukit corn in hairst;
He shure, but nae alane.

He watna whaur tae lay the wyte
O siccan sair hairt-throbbin,
As Nelly tied the bands ahin
An stookit sheaves wi Robin.

Was't something in an antrin gliff
That spark't? He weel micht spier it.
Or something in the lassie's gait
That gart him gang deleerit?

Aft, whan the day's lang darg was bye
They taiglet on at een;
Ins wauket loof he took her ain
The thistle stings tae glean.

Tho' Robin's hairt was stoundin sair,
His pulses 'beat ratann',
Nae fraisin word o love he spak:
It ended as't began.

The lassie sang sae sweet in hairst;
That was hoo it startit.
Robin sowth't his first sang
An' that was whaur they partit.

HE BIDES AT HAME

Weel! Ye may flee oot ower the sea, tae glower an' shaave yer gear
Like sklates an' steens. I'll bide at hame an' tak the road that's near.
I'll wale a bonnie simmer day an simmer comes in May,
Tak shank's meer oot bye Collieston an sit abeen the bay.

I'se warran ye'll be scomfisht wi the meirdit steowe an' stink
O diesel feems, wi steerin toons. Ye winna sleep a wink.
Yer heid'll birl in fleein machines. There's nae gweed maut in borachs.
Yer stammick'll be connacht wi gulshichs, clorts an' clorachs.

I'll be in Buchan, by the sea, in the clean, caller air.
I'll view the aul' reid Strathmore clay an' think hoo it wan there.
Sae lang lang syne fan this norlan' in ice wis lockit caul
An' thowin glaciers slypit doon, wi rocks an' earth i' faul.

I'll muse fat wye the beaches rase, the sea gaed oot an' in
As earth wis kamet in runkelt fauls, like keveelin parritch skin.
I'll ower heugh heids tae Hackley Bay as swak as ony bairn
Tae seek the sonsie eider's nest an' watch the skirlin tern.

I'll bide a fyle aside the kirk in the sad Forvie san'—
Fa eest the piscin a that lay sae lang, ere it was fan?
The skull they happit ower again; faur lie the sad ghaist's beens?
Fa dang 'im doon or laid 'im bye? War' they his foes or freens?

'If evyer maidens malysone did licht upon drie lande
Lat nocht be funde in Forvy's glebys but thistle, bente and sande.'

Sic wis the maidens' curse that brocht the storm ower a their kin—
The darklin' lift, the lowerin mirk, the risin, roarin win
The thunnerin sea, the blinnin san, the fearfou fowk within
The steekit doors; the greetin bairns. Or did they rise an' rin?

An' haed they time tae drive their kye, their flocks an' herds afore
The gaitherin storm, or did they leave the peer dumb breets tae smore?
Is't a' a cairriet tale? The truth's gane doon fae sicht o man.
Tint i the turn o time, atweesht aeonian sea an' san.

Abeen the burnin san the air shimmers as gin twar gless.
Ahin me win's the sandy shore near roon tae Girdleness.
Afore me lie the desert dunes, eerie, forhuyit, leen,
But fa kent faur tae look micht see faur lang scoret rigs hae been.

On tae the Neebro, fyles tae halt an gaze on Bennachie
—The Mither Tap's the Buchan sailor's landmark fae the sea—
Seek rarities throu snorralt bent, ower thristle, san an segs
Belike tae gar St. Bride's bird gae skimmerin aff her eggs.

I'll seek ma spleuchan, rest an' rax; syne on, tae halt again
By rings o steens an' beerial cairns twa thoosan years hae lain;
Foondations laid by mortal men cam—fa kens—fae the east.
They hackit flints for arrowheids an' scrapin skin o beast.

The trees are gane. The wild beasts slain, elk, bison, auroch, boar,
They hunted in the forest near. They fished alang the shore;
Grund corn in roon or saddle queerns; vrocht pots o boolder clay.
Wi fish, flesh, corn, skins, fire an' bield, they fared weel. Fa can say?

The muckle furth for yokie feet but nae this aince for me.
Throu the aul toon an kintra roon there's rowth o ferlies free.
Granite blinks bonnie in the sun. Bon Accord bates the caul.
Fa bides at hame tae ken his ain'll maybe win the saul.

FOX-CUB OR LAMB?

I was the stranger cam doon the hill.
Awprile ged cleer for me
sooth win, sinsheen an rinnin watter
burblin wi fresh snaw bree,
bleck slae brenches fite star gawmfert,
primrose banks by the brig,
titlark sang ower girss grown greener,
new lambs lowpin at rig,
pairin flicht o kaiverin peaseweeps,
skearie whaups i' the bog,
tull, doon at the clachan, deid on the steens
stiff straikit, vixen an dog
by the gable—en faur a gean tree blossomed.

I am the shepherd coonted his lambs
misminnied an scrimp on the hill.
I am the hunter gaed up the glen
baited his traps tae kill.

I'm the wily ted: I gansched the lambs.
I kenna gweed fae ill.
I tak fit I hae for the takkin, or wint.
I hae hungirsome mous tae fill.
I'm the swuppert reid fox that traivellt ower far
jist aince, tae be grippit ticht
i' the cruel tines o the coorse steel tinchel,
Did ye hear me dee in the nicht?

I am sma cubs croodit i' the grenit rock stairvin.

I was the ootlin gyaun hameart an' clair.
I am ootlin here nae mair.

FLOWERING THORN

A picture in colour from Glastonbury,
St Joseph's holy thorn of legend,
brought one more secular to mind.
It was old, it was lovely, strong and healthy,
diurnal pleasure, school-garden-growing,
Summer crowned it with rosy blossoms,
a flower festival spilling over
burnished leaves and song-birds nesting.

One wintry day at dinner break,
there was snow on the ground, a hungry bird,
long curved bill probing, crept round the bole
while laughing, long-haired, green-coated girls
skailed past the tree, quite unaware
of the mouse-like, bark-coloured bird ascending
link by link in a food chain, weaving
a tree-creeper's helix of life and death.

Came a final day I stopped and stared
at the empty place, a colourless dead space
above bleeding stump and raw sawdust.
'But why?' I asked, 'Why? It was lovely. It was old.'
He shook his head. 'Don't blame me,'
the gardener said, 'I must do as I'm told.'

THE MAVIS

In time of war

In the grey of an April dawn
The mavis singing,
From a lime tree on a lawn
His crystal notes ringing,
The spirit floating free did waft
In a moment joyfully
From that infinite, uncharted sea,
Whose tides take all man's craft
And each in solitude,
Back to the shore where memory stood
On the landing-stage of morrow.
What was it?   Oh!   God have mercy—
    The war!   The sorrow!
The siren scream; death on the wing
While the mavis sang to the morn of spring.

FIT NOO?

'Twis gweed to se the skeins o' geese gyan north asklent the Awpreel
    sky,
To harken to their eldritch soond and think the winter's deen and
    bye;
To see again sma, starry flooers in snaw-fite cleddin the black-stobbed
    sloe,
And that a lythesome day hid dichtit the hinmaist drift aff Ben-y-glo;
To scan mossed, shady primrose howes alang the burn and to yersel,
Tell ower, again, sma tender flooers, gowd saxifrage, green
    moschatel.

It's gweed, gyan ower the timmer briggie, to see the dipper sweem
    the shallows,
To hear his sang o' leevin water and watch the bonnie flichts o'
    swallows;
For gairden grace, in early morn, the tulip's brichtness and daffodil,
Bees thrang, bird sang, and, ower the river, the gock jines in fae
    Tulloch hill.
Sic gwed earth's pleesures pass here and noo aa bladdit by thochts,
    ower dreed to say
O' those hine aff, on ships and islands, in war, in Sooth Atlantic May.
In winter war, ower earth, air, ocean—

For aa at hame that wyte and pray:
Fit will the news be, noo, this day?

HALF A HUNNER YEARS

(August 4, 1914-64)

Pipes an' drums an' marchin' feet
—Bonnie laddie, Hielan' laddie—
Soun'in' doon the cobbled street.
Gweed be wi' ye, laddie.

This day, this ae day, it begood sae lang syne
Half a hunner years,
Their flawmont o' gallantry, vreet o' their lealty
In bluid an' the saut blin' tears.

Dust unto dust lie the millions missauchred
That sang as they traivelled tae hell
O war in the trenches, Mons, Ypres, Beaumont-Hamel,
Gallipoli, Passchendaele.

Half o' a hunner years sinsyne;
Half that an' war again;
Yet a' the warld's sairin sin' Eden wis forfeit
Canna lowsen the bluid-wyte o' Cain.

Pibroch: drum-beat: drum beat: bugle.
Poppies in the snaw.
Bonnie laddie, there is your name,
Gowd in the granite wa'.

NOVEMBER

The larch on the hillside is yellow and bare;
The forest path sodden and chilly the air
For the wind's in the north and smells of the snow.
Wise shepherds drive ewes to the valley below.
Glinting steel in the gloaming the cold river shines.
The young crescent moon glimmers pale through the pines.
Bird and beast of the wild shelter, secret and still,
But, high on the moor looming dark on the hill,
As the short day is dying and darkness is falling,
Go back! Go back! the red grouse are calling.

Go back and go back through the years. We were young.
From the church by the river the old bell was rung,
Clanging so suddenly there on the doune,
Ten days after Hallowmas, one hour from noon.
High to the hillside the tidings rose swelling
Over the pine trees and out from each dwelling
The woman folk hurried. 'D'you hear? Is it past?'
And up along Badenoch and down through Strathspey
As the bells were all ringing for Armistice Day,
The cry was, 'It's true then. O Dhé! At last!'

THE TREE AND THE TOWER

Not earth and air, only, endure, turning in time;
Enduring in changing, unceasing through cycle and season
Linking in reincarnations all mortal creations
That change irreversibly, silently vanish in dust
Go down into earth, and diffuse in ethereal vapour.
Not earth and air, only, endure.

Turning in time—the spin of a sphere in infinity.
Do measure, expression, numerical unit define it?
Photons of light pierce flesh, indestructible energy,
Beneficent radiance free flowing is grateful to sense.
The flesh, full nourished, is warmed, the senses are pleasured
Material body content, but the questing intellect ranges.
Vainly the finite probes, scrutinising the infinite,
Seeking the answer; the spirit hovers disquieted.

The light of the sun illumines; the image is plain
Focussed, transmitted, translated, printed in colour
Projected again and again by the living mechanic of memory;
Again and again, the bright unforgettable image
The purple and grey, the poignant beauty and power
Of a round stone tower and a Judas tree in flower.

II

It is April again, Eastertide, time to return—
Leaving the melting snow of the northern mountains,
The grey granite mountains and fast flowing torrents of home,
For a wide plain, watered by slow, smooth rivers
Where the azure hollow hemisphere of heaven
Rests on the distant rim of the round horizon
Holding the ambient air, the splendour of sunlight
That blesses the fertile fields and the budding vines—
To thread through the maze of streets, over the cobble stones
Pass through the gateway under the sculptured arches
Climbing, climbing the time-worn steps to the battlements,
To the battlements where the corpses hung—the corpses of slain men.

III

There is a greenwood in springtime, flower bright and fragrant,
Birdsong carillon, resurgent crescendo of living.
A child, enchanted goes leaping and dancing
Over soft mossed path, dappled in sunlight,
In and out of the shadows, wheeling
Into the clearing, stands suddenly rigid in horror—
The gamekeeper's gibbet nailed to a living tree:
Piteous, small, still bundles of fur and feather:
Dead, dead bodies of little wild woodland creatures.

Cuckoo-call echoes, mock at the flying feet:
Unseen enemies lurk in the bosky hollows,
Glide through the tree trunks, clawing and clutching
Ensnarling and tearing through cruel briar and bramble.
Tree root and bracken trip and entangle the fugitive.
Sobbing and bleeding the piteous small coward flings forward
To break from the shadows into the sunlight again.
But the stain that has tarnished is carried within for ever.
Not earth and air, only, endure.

IV

But these corpses were human flesh, bloodily stricken
Stealthily slain in the night at a queen's command;
Quivering flesh had paid for the faith of the spirit.
The child in physical flight may escape the darkness:
There is no escape , save in acceptance, in sharing,
Confessing the stain, the communal mark on the brow.
Not earth and air, only, endure, turning in time.

These stones reek blood. It is suddenly cold and dark.
A chill grey mist of horror drifts down the centuries
Swirling around with lambent cold fingers of fear.
Not earth and air, only, endure.

The moment passes. The sun is warm as before.
The tree and the tower stand near, reassuring familiar.
Grey stone gouged from the earth by labouring men,
Levered, sculptured and shaped, set to a purpose and plan;
Vacant hollow-eyed loopholes that stare down the ages;
Cold stone standing, labouring men forgotten,
Brain that begot, muscle, bone, sinew and sweat
Long gone down into dust, crumbled in earth
Diffused in ethereal vapour, vanished for ever.

HAN ON STEEN

(Luikan at a prentit picter o a weel-kent Scots historian)

I see ye teen on a heugh-heid abeen the toon
in a vantage-neuk o the muckle pentagon waa
o the fort biggit be Maister Milne, mason,
the Merry Monarch's ain, agin the Holanders.
Bit they brunt it efter-an-aa an a hunner year on
an mair ithers timmered ti sort it again. It hiz steed
blufferts o win fae freethen, frennan seas
that fustled an roared an bit seldom soughed a leed
for a simmer day an that i' nae cleidach o Scots
bit a sea sang fae Norawa.
Ye're luikan awa alang a braid rampier
a scluchten of steen that crooks awa roon
like a J, prentit there brockit an braid
abeen lums an riggings o Lerwick liggan ablow
an ayont ti the lap o the tide, faur the aulest biggins
wat thir feet i the sea. The norland leme
o sky an sea is mair nor the daily-day licht
o a soudlan sun; mair like the added gleam o the poet's dream.
Luikan ower't aa ye stan.
Are the monie lang thochts i' yer heid sooman like swaws
fae the sea ti the shore, or dae ye jist stan hauden
grippit in glamerie? Are ye ettlan ti teem the wirds
fae yir pen on paper, turnan the tide o time
tull the first men rade ower the seas ti the isles?
Ye hae turned awa that I canna read yir face
bit yir han that's spreid on the waa hauds the meenit in time;
a warm han on caul steen linkan
the lang gane bye an lost wi the leevan noo.
For certes ye hae the pooer ti sheen the picter
fae the lang begairied tape o history.
As ye stan there, shackle-bane an fingers spread oot
on the waa, I see mair nor an ordinar han on steen.

REGENERATION

To a stoic Scot

Wi rozet hale the pykit pine
Claggers the haggert wud.
The callus cleeds the hackit buss
An' hains the neist rose bud.
But nocht can stap the bluidy gap
Whaur dirk o dule sair strikit,
Gin yon ain cur, creepin ahin,
Wi slaverin peety lick it.
Nocht's for't but hap the gawpin hole,
Fa tae again an' thole.

THE LITTLE THINGS

It's the little things
that brak yer grup
and gaur ye wint
to greet.

Ye dinna greet fin the ill news comes, for, at first,
ye canna gaither it;
nor at the fareweel service, afore aa the fowk,
though the weel-kenned wirds and the organ sounin the psalms
to the bonnie aul Scottish tunes be sair to thole.
It's the little things that gaur ye greet, efter-hin:
mebbe reddin a vreetin desk, fin ye come on
a last letter;
or, as this verra day, i the sun, on a road by the river,
faur the wild briar roses blossomed again by the brig,
their delikit fragrance brocht back ane o mony fine days,
fin the green o Donside wis rose-fleerished b' the road to Kildrummy:
she drew in the car to the dykeside and turned to me, smilin,
'Out ye go, now. I ken fine ye're longin to smell them.' And I
had said niver a wird.

Betimes, fin ye're aa by yersel,
it's the little things
that gaur ye wint
to greet.

Words Used In The Poems

M S Lumsden, like any poet, tended to use words with an individual or perhaps personal significance. The glosses here are intended to be in the spirit of the poems rather than giving a dictionary or etymological meaning. Those marked (MSL) are by M S Lumsden herself.

BAIRNS' PLOYS

Bairns Ploys: *loup*, leap. *peel*, pool. *skirl*, shout shrilly. *dirl*, vibrate, throb. *rive*, piece torn off. *blin-man's bell*, foxglove. *murlick*, fragment. *foggie bummer*, small yellow bumble bee.

Lullaby: *queem*, pleasant, calm.

Shakespeare Said it First: *roch*, rough. *pisen*, poison(ous). *laithlie*, ugly, repulsive. *ferlie*, strange creature, something unnatural.

The Chackie-Mull i the Wud: *chackie-mull*, death-watch beetle. *wud*, timber. *fleyt*, frightened. *gockit nowt*, silly fool. *golachy*, small beetle.

Gossamer: *ettercap*, spider. *eident*, busy, diligent. *darg*, work. *skinklan*, shimmering, glittering. *byous skeely job*, a very skill-demanding kind of work. *hansel*, greet. *fireflaucht*, lightning. *clew*, skein of thread. *heeze*, dance, run fast. *tine*, lose (hide). *ferlie*, uncommon creature, oddity. *rabbie-rin-hedge*, goosegrass. *doonlichtin*, settling. *trammel*, catch as in a net. *antrin seely oor*, a rare and lucky occasion.

The Emmet-Pile: *emmet-pile*, ant-hill. *emerod*, ant. *golachy*, insect (beetle). *trammelt*, caught, ensnared. *hobblin*, soft underfoot. *preen*, pin. *hotchin*, swarming. *wammelt*, rolling about. *or*, till. *snickit*, flicked. *taskit*, wearied, exhausted by work. *Tak-a*, Death. *snoove*, sneak, move furtively. *mellin*, mingling.

FOWK

Doctor's Biddin: *byordinar*, out of the common. *thrang*, busy, absorbed in work. *trachled*, overburdened.

Charlie: *wyvan her shank*, doing her knitting. *lythie*, pleasant. *imleen*, on his own.

News Bulletin: *begack*, disappointment. *creish*, grease, fat. *vricht*, a wright.

The Double Standard: *eeran*, errand. *fess*, fetch.

Broken Tryst: *preet*, tasted. *wersh*, tasteless, weak and watery. *beuchs*, boughs. *yeldrin*, yellow-hammer. *seel*, happiness. *drees*, endures, suffers. *dwaum*, swoon.

THE WORLD WITHOUT AND WITHIN

Glamourie: *lowdent*, reduced to silence. *seindle*, singular, strange (MSL). *bield*, shelter. *calomy*, camomile. *lad's love*, southernwood. *hishie*, whisper of wind. *simmer-flaws*, shimmer of air above heated ground in summer (MSL). *eindless*, without a whisper (MSL).

Nor'East Simmer: *forhuyie*, forsake, abandon. *dyvour*, Cf. French devoir— duty, obligatory, routine. *dyvour's dowff dambrod*, the dutiful and gloomy and restricting routine suggested by the regularity of a chessboard. *beuch*, bough. *busket*, dressed, adorned. *beck*, to curtsy, to do obeisance. *yeldrin*, yellow-hammer. *seel*, happy. *fient haet*, nothing at all. *gowk*, cuckoo. *broukit*, speckled. *ether*, adder. *thrang*, busy, absorbed in work. *vran*, wren. *quaiken-aish*, aspen. *hent*, caught, laid hold of. *firedairt*, lightning. *sklent*, sideways, obliquely. *baukie bird*, bat. *seckerly*, surely, safely. *liggit*, lying, reclining. *towmond*, a twelve month. *troo*, play truant.

Ae Road Hame: *seely*, happy. *sevennil*, strong, to be relied on. *lown*, calm, soft, gentle. *splore*, revel, outing, 'spree'. *sair fortaivert*, much fatigued. *shalt*, pony. *lucken-gowlan*, globe flower. *ramskerie*, restive and lustful. *sinnert*, distant, separated. *lyart*, variegated, changed in colour. *athrowegang*, thoroughfare. *beeks*, shines.

The Pylons: *garran*, inferior type of horse. *roufu*, sorrowful-looking. *mishantered*, damaged. *stells*, struts, supports.

Sweirty Spring: *sweirty*, reluctant, slow. *hawse*, throat. *threip*, insist. *oo*, wool. *haw*, pale, wan. *blirt*, storm of wind and rain, cold drift of snow. *blinter*, gust of wind.

Haimart Message: *leen*, alone. *dern*, dark, lonely, secret.

Lot's Wife of Branxton Hill: *threne*, song, refrain, lament(?). *wadsett*, pawned, mortgaged, alienated (of land).

Stannin' Still: *sea-maw*, gull.

Song in Season: *tusk-spade*, peat spade. *steive*, firm. *kwintra*, country. *daich*, soft. *dailigaun*, twilight. *lown*, soft, gentle. *gamphered*, bespangled. *snoovan*, gliding.

The Wild Geese Gae By: *dargin*, working. *eldritch*, unearthly, uncanny. *gliskt*, glimpsed. *saugh*, willow. *seg*, the name given to various plants with sword-shaped leaves, the yellow iris. *gliff*, glimpse. *ingine*, genius, creative power. *deva's*, divides, departs from its purpose. Cf. French devoir, duty, obligatory routine.

'. . . Triple Ways to Take . . .' *skinklin*, sprinkling. *hulstran*, fighting its way. *feemin*, foaming. *maaziet*, clad in shirt. *siccar*, secure, sure. *Mappamoun'*, map of the world.

Hoo it Begoud: *speel*, to ascend. *lown*, soft, serene. *siller*, of silver. *birken shaw*, small wood of birch trees. *dwine*, fade away.

Gean Tree: *dwaum*, swoon. *wae*, woe. *loof*, palm of the hand. *gloze*, warmth. *stalliard*, stout. *macht*, strength.

74

STORIES AND BALLADS

Drucken Davy: *fauch*, pale brown, yellowish. *flytin*, scolding. *wammelt*, rolled. *reemishin*, loud, as of a heavy fall. *tae haud nor tae bin*, to hold nor to bind, agitated. *mowse*, sensible.

The Cure of the Unspoken Water: *murned*, mourned. *dwined*, faded away. *wall*, well. *stroop*, the spout of a pump. *eemist*, uppermost. *eech nor ocht*, nothing at all. *swuppert*, nimble.

Legend: *dayligaun*, twilight. *dwined*, faded away. *ramle*, filled with stones (MSL). *ted*, sheep-tick (flea?). *oorie*, eerie. *eild*, old. *lythie*, warm. *oom*, vapour. *rounall*, anything circular, as the moon. *lilly*, charming, lovely. *glore*, shine (MSL). *chettoun*, setting of a stone (MSL). *luckan*, folding within. *dackled*, hesitated (MSL). *breeshlan*, making a hurried advance. *scart-free*, safe and sound. *scroggs*, stunted bushes, trees, bracken. *luntan*, walking quickly, springing. *ram-stam*, headlong. *haggs*, wild, broken ground. *feydon*, a presentiment of calamity or death. *gyre-carl*, glaring giant (MSL). *anerlie*, single, solitary. *wanchancy*, hopeless. *bauld-daur*, bold and daring. *thraw*, to oppose, provoke to anger. *crawdoun*, coward. *glamorous*, supernatural (MSL). *lowe*, glow, light. *simmer-flaws*, shimmer of air above heated ground in summer (MSL). *gliffed*, glimpsed. *elfer-howe*, elfin hollow. *peerie*, small. *gamphered*, bespangled. *kirtle*, short skirt, dress. *kwyte*, coat. *leam*, gleam. *wid*, mad. *eildron*, unearthly, uncanny. *gambaded*, pranced. *owrance*, superiority, mastery. *primit*, prepared, made ready. *fire-flaucht*, lightning. *clauchted*, clutched. *affhan*, instantly, on the spur of the moment. *girtholl*, sanctuary (MSL). *onwittans*, without the knowledge of. *sike*, ditch. *back-faulds*, fields at the back of, or at a distance from, a farmhouse. *heck*, wooden grating placed across a stream, rack for cattle. *begeck*, disappointment. *spulyie*, booty, plunder. *haisert*, half-dried. *deil's flutter-baa*, devil's puff-ball, a fungus (MSL).

VARIOUS OCCASIONS

She Reeshl't As she Ran . . .: *taiglet*, lingered. *lift*, sky.

The Immortal Memory: *fause*, false. *rowth*, plenty. *ingine*, genius, creative power. *lippin*, leaping. *fraets*, troubles. *lowe*, flame. *blypes*, shreds, lumps. *murlin*, crumbling. *fremit*, far off.

The Start O't: *shure*, sheared. *wyte*, blame. *antrin*, occasional. *gliff*, glance, glimpse. *taiglet*, lingered. *wauket*, made callous by hard work. *loof*, palm of the hand. *sowth*, to whistle in a low tone.

He Bides at Hame: *shaave*, spread around, squander. *wale*, choose. *scomfisht*, suffocated or choked from heat, smoke or bad smells. *meirdit*, (unpleasantly) accumulated. *borachs*, from borachios, Spanish leather wine bottles (MSL). *connacht*, spoilt. *gulshichs*, surfeits. *clorachs*, ill-cooked or ill-served food. *kamet*, combed. *keveelin*, becoming cool (?). *malysone*, curse. *steekit*, shut. *forhuyit*, forsaken. *snorralt*, tangled. *spleuchan*, tobacco-pouch. *queerns*, hand grindstones.

Fox-Cub or Lamb?: *cleer*, bright, shining (MSL). *bree*, moisture. *gawmfert*, flowery, bespangled. *rig*, frolic. *kaiverin*, rearing and plunging. *skearie*, frightened, nervous, restive. *whaup*, curlew. *misminnied*, used of a lamb, to lose his mother. *scrimp*, impoverished. *ted*, fox. *gansched*, snapped. *swuppert*, nimble. *tines*, prongs. *tinchel*, gin-trap. *ootlin*, stranger. *clair*, smooth, untroubled (MSL).

Fit Noo?: *asklent*, across. *eldritch*, unearthly, uncanny. *lythesome*, warm, genial. *thrang*, busy, absorbed in work. *gock*, cuckoo.

Half a Hunner Years: *flawmont*, narrative (MSL). *missauchred*, massacred (MSL).

Han on Steen: *timmered*, worked strenuously and continuously. *freethen*, foaming. *frennan*, raging. *soughed a leed*, sang a song. *cleidach*, talk. *scluchten*, flat-lying ridge. *brockit*, variegated, *liggin*, lying. *soudlan*, southern. *sooman*, flooding, rolling. *swaws*, waves. *glamerie*, magic. *begairied*, variegated. *shackle-bane*, knuckle bone, wrist bone.

Regeneration: *rozet*, resin. *pykit*, shrunken. *claggers*, clogs. *haggert*, clumsily, untidily cut, ragged. *buss*, bush. *hains*, encloses, protects.

The Little Things: *vreetin*, writing.